AF452653

AF452653

DES

# DEVOIRS DES ENFANTS

## ENVERS LEURS PARENTS

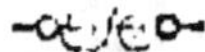

Ce petit ouvrage a été couronné en 1837 par la Société pour l'instruction élémentaire.

L'auteur l'a entièrement refondu et l'a augmenté de quelques chapitres.

Paris. — Imprimé par E. Thunot et Cⁱᵉ, rue Racine, 26.

# DES
# DEVOIRS DES ENFANTS
## ENVERS LEURS PARENTS

PAR

## Th.-H. BARRAU

A L'USAGE DES ÉCOLES PRIMAIRES

ouvrage autorisé par le conseil de l'instruction publique

### CINQUIÈME ÉDITION

revue et augmentée par l'auteur

BIBLIOTHÈQUE IMPÉRIALE — IMPR.

## PARIS

**L. HACHETTE ET C<sup>IE</sup>**
Rue Pierre-Sarrazin, 14

**LOUIS COLAS**
Rue Dauphine, 26

**1853**

# DES
# DEVOIRS DES ENFANTS

## ENVERS LEURS PARENTS.

## RECONNAISSANCE DUE AUX PARENTS.

Dieu a dit à l'homme dans son quatrième commandement : « Tu honoreras ton père et ta mère, afin que tu jouisses d'une longue vie. »

Le Code de lois auquel tous les Français sont tenus d'obéir contient cet article : « L'enfant, à tout âge, doit honneur et respect à ses père et mère ; il est soumis à leur autorité jusqu'à ce qu'il soit devenu majeur. »

Ainsi la loi de Dieu et la loi du pays ont

prescrit la même chose ; la religion et la patrie, qui ont le droit de régler notre conduite, nous imposent la même obligation.

Mais si ce commandement de Dieu et si cette loi de notre pays ne nous étaient pas connus, l'obligation d'honorer nos parents n'en serait pas moins sacrée pour nous : car elle est écrite dans notre cœur, elle est une loi de notre nature.

En effet, l'ingratitude est le plus odieux des vices, et la reconnaissance est le plus saint des devoirs.

Or, à qui devons-nous plus de reconnaissance qu'à notre père et à notre mère ?

Nous n'étions pas : et, après Dieu, c'est à eux que nous devons l'existence ; c'est par eux que nous participons à tous les biens que la Providence a accordés au genre humain ; c'est par eux que nous sommes hommes, chrétiens et Français ; c'est par eux que nous avons l'inestimable bonheur de connaître Dieu et de le servir, et l'espoir de jouir des récompenses qu'il promet à la vertu.

Nous naissons faibles et exposés à toutes sortes de maux ; nos parents nous en préservent avec une tendresse et une attention qui ne se rebutent jamais. Nous naissons dépourvus de tout ; nos parents ne cessent de nous prodiguer les secours qui nous sont nécessaires. Nous naissons ignorants ; nos parents forment notre jugement, nous apprennent à connaître les choses et à parler. Tout ce que nous n'avons pas à notre naissance, et dont nous avons besoin étant grands, nous est donné par leurs soins.

Avant même notre naissance, notre père pensait à nous ; il travaillait afin d'amasser tout ce qui nous serait nécessaire ; il faisait en notre faveur le plus d'épargnes qu'il lui était possible ; il se privait de beaucoup de choses pour que rien ne nous manquât.

Notre mère fait peut-être plus encore pour nous. Elle porte son enfant dans son sein et lui donne le jour ; elle l'allaite et lui prodigue tous ses soins. Cependant l'enfant qui vient de naître ne connaît pas même encore celle de qui il reçoit tant de témoignages de tendresse ; il ne peut pas faire connaître ses besoins ; mais elle cherche à deviner ce qui lui convient, ce qui peut lui plaire ; elle ne cesse de se tourmenter nuit et jour sans savoir quelle récompense elle recevra de tant de peines.

Dans les maladies de leur enfant, le père et la mère prennent de lui les soins les plus assidus; ils négligent leur propre santé pour veiller au rétablissement de la sienne. Ils tremblent toujours qu'il ne manque de quelque chose, et, dans les prières qu'ils adressent à Dieu, ils implorent continuellement ses bienfaits pour leur enfant.

Dès qu'il est capable de recevoir quelques leçons, ils s'empressent de lui enseigner ce qui pourra lui être utile un jour. Ils l'envoient dans les écoles, et ne regrettent aucune dépense pour lui donner de l'instruction. Ils ne négligent rien pour le former à la vertu et pour lui inspirer des sentiments de probité et d'honneur.

Ils le mettent en état de soutenir honorablement son existence, selon leur condition et leur fortune. Quelquefois même, pour lui assurer un état avantageux, ils font des sacrifices au-dessus de leurs forces.

Lorsqu'il est en âge de se marier, ils se dépouillent pour lui d'une partie de ce qu'ils possèdent, et ils ménagent soigneusement le reste pour le lui laisser après leur mort.

En un mot, ils sont continuellement occupés du bonheur de leur enfant ; ils ont pour lui une tendresse inaltérable ; il semble qu'ils ne respirent que pour lui.

Comment donc un enfant pourrait-il ne pas conserver pendant toute sa vie pour son père et pour sa mère la plus vive et la plus profonde reconnaissance !

# LE PÊCHEUR ET SON FILS.

Un honnête pêcheur de Dieppe, déjà avancé en âge, avait un enfant nommé Paul.

Il aurait pu vivre dans l'aisance en travaillant beaucoup moins et en ne s'exposant pas si souvent sur la mer agitée, pendant les nuits orageuses ; mais pour être utile à son enfant, il supportait volontiers tous les travaux et bravait tous les dangers.

La mère de Paul était pleine pour lui de soins et de tendresse. Deux fois, dans son enfance, il fut attaqué d'une maladie très-dangereuse, à laquelle il aurait certainement succombé sans les soins et le dévouement de sa mère. On peut dire qu'il lui devait plusieurs fois la vie.

Dès qu'il fut capable d'apprendre quelque

chose, ces excellents parents l'envoyèrent à l'école. Paul fit des progrès rapides. L'instituteur, charmé de ses succès, engagea les parents de son élève à pousser son instruction aussi loin qu'ils le pourraient. Ils y consentirent, et afin de pourvoir à cette dépense, ils redoublèrent de travail et d'économie.

Souvent ce bon père et cette tendre mère se contentaient à leur repas d'un morceau de pain et d'un verre de bière commune, afin de pouvoir payer les maîtres de Paul, et lui acheter les livres nécessaires à ses études.

Dieu bénit les sacrifices de ces excellents parents et récompensa la bonne conduite de leur fils. Paul devint un marin aussi instruit que brave. Après s'être signalé par plusieurs belles actions, il fut admis dans la marine de l'État en qualité d'officier, et parvint en peu de temps à un grade élevé.

Alors il loua pour ses parents une jolie maison avec un jardin, et s'empressa de leur procurer tout ce qui pouvait contribuer au bonheur de leurs vieux jours.

Lorsqu'il n'était pas en mer, il demeurait avec eux, les servait lui-même, et passait avec

eux toutes ses soirées. Il leur témoignait toujours autant de respect que de tendresse, il
avait grand soin que ceux qui venaient le
visiter les honorassent également, et jamais
il ne jouit d'aucun plaisir sans les y faire par-
ticiper.

« O mon cher fils! s'écriaient souvent ces
respectables parents, que ne te devons-nous
pas!

—Vous ne me devez rien, leur répondait-il,
et moi, je vous dois tout. Je vous dois tout ce
que je suis, tout ce que je possède et tout ce
que je sais. J'aurai beau faire tout ce qui est
en mon pouvoir, jamais je ne pourrai m'acquitter dignement d'une dette aussi sacrée. »

# AMOUR FILIAL.

Nous devons plus d'amour à notre père et à notre mère qu'à tous les autres objets de notre affection : car jamais personne ne nous rendra des services qui approchent de leurs bienfaits.

Jamais, non plus, dans toute la suite de notre vie, nous ne trouverons personne qui nous aime autant que nos parents nous ont aimés.

Les amis que nous choisirons par la suite, quelles que soient la chaleur et la sincérité de leur affection, peuvent nous abandonner ou nous trahir ; l'absence, ou de nouveaux liens de famille, ou des amitiés nouvelles, pourront nous faire oublier d'eux ; mais un père et une mère ne trahissent jamais, n'abandonnent jamais, n'oublient jamais leur enfant.

La perte des autres objets de notre affection peut quelquefois se réparer. On ne saurait en dire autant d'un bon père, d'une bonne mère. Quand nous avons eu le malheur de les per-, dre, nous ne pouvons les remplacer. Nous ne retrouverons jamais personne qui soit ce qu'ils étaient pour nous.

Aimons donc tendrement nos parents. Plus nous les aimerons, plus nous aurons l'espoir de devenir sages et estimables : cet amour, que Dieu lui-même nous a commandé, s'allie bien facilement à celui de la vertu : car plus nous aimerons nos parents, plus nous tâcherons de les contenter; et nous ne pouvons parvenir à les contenter que par une bonne conduite.

Aimons nos parents tels qu'ils sont, et tels que Dieu nous les a donnés; aimons non-seulement leur personne, mais leur état et leur condition.

Si nos parents sont pauvres, obscurs, malheureux, nous ne devons pas désirer d'être nés dans une famille plus riche, plus honorée, plus heureuse : ce serait un sentiment criminel et impie; ce serait un blasphème contre la Providence. Mais, au contraire, nous devons les aimer, s'il est possible, davantage, parce qu'ils ont dû souffrir pour nous et à cause de nous beaucoup plus de privations et de peines; et aussi parce que notre tendresse et notre bonne conduite sont peut-être leur seule consolation dans leurs maux.

Ne soyons donc pas jaloux des enfants dont les parents sont plus riches et plus heureux que les nôtres; mais faisons en sorte qu'aucun enfant ne donne à ses parents plus de satisfaction et de bonheur que nous.

# MYRTIL.

Le jeune Myrtil était sorti de sa maisonnette, et se promenait auprès d'un étang dont les eaux réfléchissaient l'éclat de la lune. Le calme de la campagne éclairée par cette douce lumière, la beauté de la soirée, les tendres accents du rossignol, le plongèrent pendant quelque temps dans une agréable rêverie.

Puis il revint sous le berceau de pampres verts qui ombrageait l'entrée de sa demeure. Là il trouva son vieux père qui, couché sur le gazon, sommeillait paisiblement.

Le jeune homme, ému, s'arrête et contemple son père ; il éprouvait, en le regardant, un sentiment délicieux. Sa vue restait constamment fixée sur lui ; quelquefois seulement il regardait le ciel à travers le feuillage, et des larmes de joie et d'amour coulaient de ses yeux. Il disait :

« O vous, qu'après Dieu j'honore le plus, ô mon père, combien vous reposez doucement ! que le sommeil du juste est calme ! Sans doute vous serez sorti ce soir de la maison pour offrir votre prière à Dieu, et vos yeux se seront fermés doucement.

» Vous avez sans doute aussi prié pour moi ; que je suis heureux ! Dieu écoute vos prières. Si nos champs se couvrent de fécondes moissons, si nos prés nourrissent de nombreux troupeaux, c'est que le Ciel nous bénit tous à cause de votre vertu.

» Lorsque, touché de mes soins pour votre vieillesse, vous répandez des larmes de joie, et qu'élevant vos regards vers le ciel vous appelez ses bénédictions sur ma tête, oh ! quelle félicité fait palpiter mon cœur !

» Comme vous souriez au milieu de votre sommeil ! Ah ! sans doute vous rêvez à quelqu'une de ces bonnes actions que vous faites si souvent.... Mais je crains que le vent frais du soir ou la rosée ne vous nuise dans votre sommeil. »

A ces mots, il lui baise le front pour l'é-
veiller doucement, et le conduit dans la maison pour lui procurer un sommeil plus com-
mode.

# CRAINTE FILIALE ; SOUMISSION ; OBÉISSANCE.

Puisque nous aimons nos parents, nous devons redouter de leur déplaire et de leur faire de la peine, c'est-à-dire que nous devons les craindre.

Craindre nos parents, c'est éviter avec soin tout ce qui peut provoquer leur mécontentement, c'est régler nos actions et nos paroles de manière à mériter toujours leur approbation.

Ainsi, la crainte du fils n'est pas la crainte de l'esclave. L'esclave a peur du châtiment que peut lui infliger son maître ; mais l'enfant redoute le mécontentement que peuvent éprouver son père et sa mère.

C'est ainsi que nous devons craindre nos parents : cette crainte, non-seulement se

concilie parfaitement avec l'amour et la tendresse, mais en est même inséparable, parce
que celui qui aime sincèrement ses parents
tremble de les affliger.

Si quelquefois nos parents ont pour nous
trop d'indulgence, nous ne devons pas en
abuser; et s'ils sont trop disposés à nous par-
donner nos fautes, nous ne devons pas pour
cela cesser de les craindre. Car cette extrême
indulgence, qui ne vient que de leur trop
grande bonté, doit au contraire être pour
nous un nouveau motif d'éviter ce qui peut
leur causer de la peine.

Il faut donc toujours être soumis.

Être soumis à ses père et mère, c'est se
conformer à leur volonté sans murmurer et
même avec empressement et avec plaisir.

L'enfant doit recevoir avec une docilité
tendre et pieuse tout ce qui lui vient d'eux :
conseils, exhortations, avertissements, reproches, réprimandes, punitions.

Car la sévérité des parents envers un enfant est une preuve de leur attachement pour
lui; ils sont chargés de le conduire dans la
bonne route : c'est leur droit et leur devoir.

Cette obligation leur est imposée par la nature, par la religion et par la patrie; il est donc juste que l'enfant se soumette sans réserve à leur volonté.

Il faut recevoir les reproches avec un cœur docile : il ne faut jamais répondre avec vivacité; je ne dis pas, avec orgueil ou insolence, car il est bien évident que l'enfant qui se montrerait ou orgueilleux ou insolent envers son père ou sa mère serait un être digne du plus profond mépris et des plus sévères châtiments.

Il ne faut donc répondre aux reproches que par une promesse sincère de ne plus les mériter. Il faut former à cet égard une résolution forte et savoir la tenir. Ce n'est pas tout de dire, en parlant de ce qui est mal : « Je ne le ferai plus; » il faut ne plus le faire.

Les parents sont quelquefois obligés de punir leur enfant. Quand ils agissent ainsi, c'est toujours pour son bien et par un effet de la tendresse dont ils sont animés pour lui. S'ils n'employaient pas, pour le corriger de ses défauts, tous les moyens qui sont en leur pouvoir, ce serait une preuve qu'ils ne l'aiment pas comme ils doivent l'aimer.

L'enfant que ses parents punissent ne doit donc pas chercher à se soustraire à la punition; il ne doit pas non plus concevoir, à cause de cela, de l'irritation contre ses parents, ou des doutes sur leur tendresse; mais il doit voir dans la punition une nouvelle preuve de leur amour, et la recevoir avec résignation et avec une ferme résolution de ne plus la mériter.

L'enfant doit être affligé de la punition, mais non pas à cause de la privation ou de la douleur qu'elle lui fait endurer; il doit en être affligé, à cause du mécontentement qu'il a donné à ses parents et du chagrin qu'ils éprouvent toutes les fois qu'ils se voient dans la nécessité de le punir.

Il doit faire tous ses efforts pour leur épargner ce chagrin; et lorsque malheureusement il n'y a pas réussi, et que pour son bien ils se sont imposé la pénible tâche de le punir, il doit leur en savoir gré et les en remercier comme d'un nouveau bienfait.

Un enfant qui craint ses parents et qui leur

est soumis, est toujours obéissant, c'est-à-
dire qu'il fait tout ce que ses parents lui ordonnent, et qu'il évite tout ce qu'ils lui défendent.

Il ne suffit pas d'obéir exactement; il faut
encore obéir volontiers, c'est-à-dire, il ne faut
pas se soumettre à contre-cœur aux prescriptions de ses parents; mais il faut les regarder
comme bonnes, jutes et sages, et s'y conformer avec plaisir. Car nos parents, dans leurs
ordres et dans leurs défenses, sont toujours
guidés par leur tendresse pour nous et par
notre intérêt bien entendu.

Comme ce doit être pour nous une satisfaction que d'obéir à nos parents, nous devons
manifester cette satisfaction par la prompti-
tude et par la bonne grâce avec lesquelles nous
exécutons ce qui nous est prescrit.

Un enfant qui exécute lentement les ordres
qu'on lui donne, qui se les fait répéter deux
ou trois fois, et qui a l'air de mauvaise humeur
en faisant ce qu'on lui commande, est un être
fort désagréable : on peut même douter qu'il
ait un bon cœur.

L'obéissance doit être entière, c'est-à-dire.

il faut obéir à ses parents dans les choses légères comme dans les choses importantes.

Car, à proprement parler, il n'y a point de désobéissance légère. La désobéissance est un si grand mal par elle-même que lorsqu'elle est réfléchie, elle est toujours coupable, quelque peu important qu'en soit l'objet; elle ne peut être excusable que lorsqu'elle vient d'oubli ou d'inattention.

Mais c'est déjà un grand tort que l'inattention et l'oubli, et il faut faire en sorte de nous en préserver.

Car la désobéissance peut avoir pour un enfant les suites les plus funestes. Il ne peut pas juger les choses; il ne sait pas ce qui est bon ou mauvais, ce qui est utile ou dangereux; il ne saurait prévoir les conséquences de ses actions. Ses parents, au contraire, ont de la prudence et de la raison; ils savent ce qui peut lui être utile ou nuisible, soit dans l'instant même, soit plus tard. Ils connaissent toutes les conséquences bonnes ou mauvaises qui doivent résulter de ce qu'il fait. C'est donc à eux de le diriger constamment; c'est à lui de se soumettre à leurs ordres, sans réserve, et sans demander d'explication. Ils ne lui doivent pas cette explication; et lui, d'ailleurs, ne la comprendrait peut-être pas.

Toutes les fois que les parents ordonnent ou défendent quelque chose à leur enfant, c'est pour son bien. Il doit être persuadé que ce qu'on lui défend est toujours mal, quand même il ne saurait pas pourquoi, et il doit s'en abstenir avec un soin religieux.

Il y a des enfants qui, sans désobéir précisément aux ordres qu'on leur a donnés, inventent quelques ruses pour s'en affranchir. C'est ce qu'on appelle *éluder* un ordre ou une défense. Gardons-nous bien de ces indignes ruses. Elles peuvent accoutumer un enfant à la dissimulation et à l'hypocrisie, qui sont des vices odieux.

Obéissons toujours franchement, complétement, gaiement. Ainsi notre conscience sera toujours tranquille; et nous éviterons les malheurs innombrables que la désobéissance entraîne infailliblement.

# L'ENFANT DÉSOBÉISSANT.

Émile était le fils d'une veuve qui habitait dans le voisinage d'une forge : les fenêtres de la maison où elle demeurait donnaient sur la rivière, dont cependant cette maison était assez éloignée.

En cet endroit, la rivière est traversée dans toute sa largeur par un barrage qui détourne une partie de ses eaux dans l'intérieur des terres, où, suivant les besoins, elles s'étendent en nappes, se divisent en ruisseaux ou retombent en cascades.

A l'entrée même de cette espèce de canal, la rivière resserrée par une chaussée, fait tourner la grande roue de la forge.

Cette roue, de trois mètres de largeur sur un diamètre de sept mètres, est à aubes, c'est-à-dire qu'elle reçoit l'eau en dessous et qu'elle est mise en mouvement par la force du cours d'eau. Elle fait mouvoir une énorme pièce de bois, qui pénètre dans l'intérieur des bâtiments de la forge, et qui là, en tournant, soulève et laisse retomber un énorme marteau ; ce marteau est une masse de fer de deux à trois cents kilogrammes, que les ouvriers, par plaisanterie, appellent un *martinet*.

On conçoit qu'en cet endroit, le courant de la rivière est très-rapide, et que plus il approche de la roue plus il a de violence.

En effet, l'eau se précipite sur la roue et sur la chaussée avec une énorme masse et un grand fracas, et fait voler au loin des tourbillons d'écume.

C'est dans le voisinage de ce canal qu'était la maison habitée par la mère d'Émile.

Émile avait un grand défaut, il n'était pas obéissant.

Il aimait tendrement sa mère, et lorsqu'il était auprès d'elle, il ne lui donnait aucun sujet de mécontentement ; mais il ne la craignait pas assez, et lorsqu'il la perdait de vue, il ne s'inquiétait pas des reproches qu'il pourrait mériter.

Aussi il ne travaillait guère en classe ; et il était arrivé à l'âge de onze ans, sans savoir autre chose qu'assembler et former quelques lettres.

Hors des heures de classe, il allait courir avec des enfants étourdis et dissipés, que sa mère lui avait défendu de fréquenter.

Pour l'en empêcher, cette bonne mère s'imposa une obligation pénible : chaque jour elle le conduisait jusqu'à la porte de l'école, et à l'heure où finit la classe, elle allait le chercher elle-même.

Le jeudi, elle aurait bien voulu le retenir à la maison ; mais Émile pleurait, se désolait, et promettait de se conduire raisonnablement si sa mère le laissait sortir. Elle lui permit donc d'aller s'amuser seul le jeudi, mais à condition qu'il n'approcherait pas du canal, et surtout qu'il ne toucherait pas à un petit bateau qui était amarré au rivage.

Émile le lui promit, et pendant deux jeudis de suite il fut obéissant, ne s'amusa qu'avec des enfants honnêtes et bien élevés, et ne s'approcha pas de la rivière.

Mais le troisième jeudi (ce jour-là sa mère

était sortie pour une affaire indispensable) il pensa qu'il pouvait aller s'amuser sur le bord de l'eau sans qu'elle en sût rien.

Cependant, la mère, après avoir terminé ses affaires, rentre à la maison : ses premiers regards, en arrivant, se portent vers la rivière, car, connaissant le penchant de son fils à la désobéissanc , elle était toujours agitée d'une secrète inquiétude.

Elle voit un enfant, dans un batelet, s'efforçant de traverser seul la rivière.

« Quels sont, dit-elle, les parents qui peuvent permettre à un enfant de se livrer à un plaisir si dangereux? »

Mais que devint-elle quand elle crut reconnaître dans cet enfant son Émile; Émile, à qui elle avait tant recommandé de ne jamais approcher de l'eau ; Émile, qui de sa vie n'avait manié une rame !

C'était bien lui, le malheureux! il avait détaché la chaîne qui retenait la nacelle fixée au rivage; puis ignorant le danger, et se figurant qu'il conduirait aisément la nacelle, il s'abandonnait au courant de l'eau ; il chantait à haute voix, ne voyant pas l'abime qu allait l'engloutir, n'entendant même pas le bruit de la roue et des flots qui se brisaient sur la chaussée.

A cette vue, la mère s'élance et pousse un cri.

Ce cri fut si terrible, que, malgré le retentissement des marteaux, les ouvriers de la forge l'entendirent; ils sortirent à la hâte de leurs ateliers. Mais que pouvaient-ils pour le secours de l'enfant désobéissant? Le courant l'entraînait déjà rapidement vers la roue.

Lui, cependant, chantait toujours, en s'approchant de plus en plus de l'endroit fatal; mais quand il entendit les cris de sa mère, quand il aperçut tous les ouvriers effrayés, qui pouvaient à peine empêcher cette infortunée de s'élancer auprès de lui, il comprit le danger qui le menaçait; il regarda avec épouvante la terrible roue; il tendit les bras, envoya son dernier baiser à sa mère, joignit les mains, se mit à genoux, et recommanda son âme à Dieu.

Ainsi périt Émile, victime de sa désobéissance.

## DOCILITÉ; TRAVAIL; CONDUITE A L'ÉCOLE.

L'obéissance que nous devons à nos parents nous impose le devoir de travailler et d'étudier avec zèle.

Nos parents nous envoient à l'école aussitôt que nous sommes en état de recevoir quelque instruction : c'est pour notre bien ; car aujourd'hui, sans instruction, un jeune homme ne peut réussir à rien ; l'instruction peut seule nous rendre capables de nous acquitter de tous nos devoirs et de bien diriger nos affaires : elle nous préserve de l'ennui ; elle nous fournit le moyen de remplir utilement et agréablement nos loisirs, et nous préserve pour l'avenir des mauvaises habitudes auxquelles l'oisiveté des jours de fête pourrait nous exposer. L'instruction est aujourd'hui presque aussi nécessaire à l'homme que les aliments qui le nourrissent et que l'air qu'il respire.

C'est pour nous faire jouir de ce bienfait que nos parents nous envoient à l'école.

Nous devons y aller de bon cœur et avec plaisir; car l'enfant, qui est encore trop jeune pour comprendre les avantages de l'instruction, sait qu'il doit faire la volonté de ses parents. Cela doit suffire pour lui faire aimer l'école.

Que doit faire l'enfant qui veut se comporter à l'école de manière à remplir les intentions de ses parents? Le voici :

L'enfant doit se rendre à l'école par le chemin le plus court, sans se détourner, sans s'amuser en route. Il doit arriver un peu avant l'heure prescrite; sa personne et ses vêtements doivent être parfaitement propres.

Il entre dans la classe d'un air modeste et tranquille, sans courir, sans se presser; il va s'asseoir à sa place sans déranger aucun de ses camarades.

Pendant tout le temps que dure la classe, il ne s'occupe que de son instruction, et ne songe pas à autre chose.

Il écoute attentivement ce que dit le maître, et tâche d'en faire son profit.

Il fait avec application le devoir qu'on lui donne, et étudie les leçons avec goût et avec ferveur.

Il ne rit pas, il ne cause pas avec ses voisins; il ne se permet aucun jeu ni aucun badinage.

Quand le maître ne le voit pas, il se tient aussi tranquille que lorsque le maître a les yeux sur lui.

Quand la classe est finie, il retourne chez ses parents sans s'écarter du chemin qu'on lui a prescrit de suivre.

Un bon écolier est modeste, mais il a une assurance honnête; s'il ne comprend pas quelque chose, il demande la permission de parler; et quand cette permission lui est accordée, il prie le maître de lui expliquer ce qui l'embarrasse.

Il n'a ni vanité ni orgueil; car il sait que la vanité et l'orgueil sont des vices détestables. Il ne se moque jamais des élèves qui réussissent moins bien que lui; il ne s'imagine pas être au-dessus d'eux; il ne parle jamais des succès qu'il obtient.

Il a de l'émulation, et il désire faire aussi bien et même mieux que les autres ; mais il n'est pas jaloux : quand il voit que ses camarades l'emportent sur lui, il n'éprouve pas un sentiment d'envie, mais il redouble de zèle et de courage, afin de parvenir à les égaler, ou même à les surpasser.

Il est plein de bienveillance pour tous ses camarades, et ne néglige aucune occasion de leur faire plaisir dans les choses honnêtes et permises.

Il ne parle pas hors de la classe des fautes qu'ils ont pu commettre à l'école, des reproches qu'ils ont mérités, des punitions qu'ils ont encourues.

Il ne parle point en classe de ce qu'ils ont fait hors de l'école ; il ne médit jamais d'eux, il ne rapporte rien contre eux.

Il évite toute querelle, tout recours à la force, à moins que ce ne soit pour défendre un plus faible qu'il voit maltraité par un plus fort.

Il cause amicalement avec tous dans l'occasion ; mais il ne contracte de liaison particulière qu'avec les plus sages ; il évite avec soin

la compagnie des mauvais sujets et même celle
des étourdis; car l'étourderie et l'irréflexion
peuvent conduire à la désobéissance et à tous
les vices dont elle est la source.

Il donne le bon exemple à tous, et surtout
à ses amis; avec eux, il ne dit rien, il ne fait
rien qui ne puisse être répété à ses parents et
aux leurs.

Il respecte et aime son maître; il reçoit avec
un cœur docile ses prescriptions et ses conseils;
il est reconnaissant de ses soins.

Jamais il ne murmure contre sa sévérité;
jamais il ne révoque en doute son impartialité
ni sa justice; et s'il entend qu'on parle de lui
défavorablement, il le défend avec le zèle d'un
fils et la chaleur d'un ami.

En tenant cette conduite, l'enfant profite
des leçons de son maître, et il devient la joie
et la gloire de ses parents.

## VALENTIN.

On ne saurait lire sans intérêt l'histoire d'un jeune berger qui, à force d'amour pour l'étude, parvint à devenir très-savant.

Il se nommait Valentin Jameray-Duval; il était fils d'un pauvre manouvrier d'Artonay, en Champagne, et eut le malheur de perdre son père à l'âge de douze ans. Sa mère, quoique dans une extrême pauvreté, l'envoya à l'école, et dès lors il prit le goût de l'étude. Mais l'école ne se tenait alors dans le village que pendant les trois mois d'hiver. Valentin passait ces trois mois chez sa mère et suivait assidûment la classe; il passait tout le reste de l'année chez un laboureur, dont il menait les bestiaux aux champs.

Valentin était un écolier aussi diligent que

sage, et pendant la belle saison il s'occupait de ses livres autant qu'il lui était possible, pour ne pas oublier ce qu'il avait appris pendant l'hiver. A quatorze ans, il savait parfaitement lire, passablement écrire ; et il connaissait les chiffres : il savait aussi très-bien le catéchisme et avait fait sa première communion.

Il fut alors obligé de quitter son village, où la misère était extrême et où il lui était impossible de gagner sa vie. Il pleura beaucoup en quittant sa pauvre mère, et prit la résolution de lui envoyer la plus grande partie de ce qu'il gagnerait dès qu'il serait parvenu à trouver une place : il accomplit toujours dans la suite cette résolution avec autant d'empressement que d'exactitude. Il se dirigea du côté de la Lorraine.

C'était pendant l'hiver de 1709. Cet hiver fut d'une rigueur excessive. Le jeune voyageur, après quelques jours de marche, ne put résister au froid qui l'accablait, et, pour comble de malheur, il fut atteint de la petite vérole. Les souffrances qu'il éprouvait étaient atroces, et il se trouvait égaré au milieu des neiges dans un pays où l'extrême misère tarissait alors toutes les sources de la charité. Il fut sur le point de se laisser tomber mourant sur la neige; mais il pensa à sa mère, dont il était le seul espoir, il invoqua la miséricorde de Dieu, et le courage lui revint.

Il se traîna comme il put jusqu'à une ferme. Le fermier, touché de compassion, le conduisit ou plutôt le porta dans la bergerie. Là, il lui ôta ses habits, l'enveloppa de vieux linges et de menue paille d'avoine, et l'enterra ainsi jusqu'aux bras dans le fumier des moutons, afin de le tenir chaud et de favoriser l'éruption de la maladie; puis il fit sur lui le signe de la croix et le quitta en lui disant : « Que Dieu ait pitié de toi, pauvre enfant; car lui seul peut venir à ton secours. »

Valentin, en effet, mit sa confiance en Dieu, et Dieu ne l'abandonna pas. La chaleur du fumier et l'haleine des moutons contribuèrent peu à peu à le guérir. Deux fois par jour le charitable fermier, malgré son indigence, lui apportait de la farine d'orge cuite à l'eau et assaisonnée d'un peu de sel. C'était tout ce que sa pauvreté lui permettait de donner.

Cependant l'hiver devenait de plus en plus rude. La bergerie était entourée de noyers et de chênes. Souvent la nuit l'enfant était réveillé par des bruits subits et impétueux, pareils à ceux du tonnerre ou de l'artillerie. C'étaient quelques-uns de ces arbres que l'âpreté de la gelée faisait éclater et qui se fendaient jusqu'aux racines.

Quand Valentin commença à aller mieux, le fermier lui apporta quelques morceaux de pain, que la gelée avait tellement durcis qu'on était obligé de les couper à coups de hache.

Le curé de la paroisse aida le bon fermier à secourir le jeune convalescent, et Valentin, ayant recouvré sa santé et ses forces, alla chercher une condition; il s'engagea comme pâtre chez un laboureur, et continua de lire aussi souvent qu'il pouvait, pour ne point oublier ce qu'il avait appris.

La divine Providence le conduisit ensuite dans une maison isolée, au milieu des bois, à peu de distance de Lunéville. Cette maison était habitée par quatre hommes pieux qui s'étaient entièrement retirés du monde, et qui vivaient des produits d'un petit domaine qu'ils cultivaient de leurs mains. Ils avaient besoin d'un enfant pour garder leurs vaches. Valentin se présenta, ils l'accueillirent avec bonté et lui promirent d'envoyer à sa mère la plus forte partie des gages qu'il allait gagner.

Désormais tranquille sur son propre sort et heureux de se rendre utile à sa mère, Valentin ne songea plus qu'à deux choses : bien remplir ses devoirs envers ses maîtres, et employer tous ses loisirs à étudier. Pour mieux apprendre à écrire, il imagina de détacher de sa croisée un carreau de verre, et, le posant sur son exemple, il traçait sur la surface les lignes qu'il voyait à travers. Il trouva dans la maison un abrégé d'arithmétique; seul et sans maître, il apprit les quatre règles, et ce fut pour lui une source d'amusement et de plaisirs.

Ses maîtres avaient quelques bons livres; voyant son goût pour l'étude, ils les lui prêtèrent. Il ne faisait plus un pas dans les bois avec ses vaches, sans avoir un livre. Le curé de l'église où il allait entendre la messe le dimanche lui prêta un traité de géographie; il se passionna pour cette étude, et bientôt il connut toutes les contrées du globe presque aussi bien que les divers coins de la forêt. Un petit atlas qu'il avait acheté du produit de ses étrennes contenait un planisphère, c'est-à-dire une carte sur laquelle étaient marquées les diverses étoiles du ciel avec leurs noms et leur grandeur. A l'aide de cette carte, Valentin voulut apprendre à connaître toutes ces constellations. Au sommet d'un chêne très-élevé, il forma un tissu composé de plusieurs branches d'osier et de viorne entrelacées. La nuit, quand le ciel était serein, il se plaçait dans cette espèce de nid et observait les diverses étoiles. Son amour pour l'étude, entretenu par le succès, ne cessait de s'accroître.

Un jour qu'il était assis au pied d'un arbre, entouré de livres et de cartes de géographie et enfoncé dans l'étude, il ne s'aperçut pas que deux étrangers s'étaient approchés de lui et le considéraient avec étonnement. L'un des deux était un très-jeune homme, l'autre un homme d'un âge mûr ; c'étaient le prince héréditaire de Lorraine, qui fut depuis empereur d'Allemagne sous le nom de François Ier, et son gouverneur. Surpris de voir un jeune pâtre ainsi occupé : « Que fais-tu donc là, mon garçon ?

lui dirent-ils. — J'étudie, répondit Valentin d'un air modeste. — Quoi! tu comprends quelque chose à ces livres-là? — Je tâche, » répondit le jeune pâtre qui s'était levé avec respect.

Alors le jeune prince et son gouverneur lui firent une foule de questions sur la géographie, sur l'histoire, sur l'arithmétique, et furent émerveillés de ses réponses. Ils s'informèrent de lui à ses maîtres, qui répondirent qu'il était aussi honnête et aussi sage que studieux.

De retour au palais, le prince raconte à son père qu'il a trouvé au milieu des bois un jeune pâtre qui, par ses seuls efforts, avait acquis une instruction étonnante. Il demande la permission de se charger du sort de ce jeune homme; il l'obtient.

Valentin, placé par son bienfaiteur au collége de Pont-à-Mousson, fit des progrès rapides dans tous les genres d'études; il devint célèbre par sa science. Le prince, depuis empereur, le nomma son bibliothécaire.

Devenu puissant et riche, Jameray-Duval fut toujours aussi simple, aussi modeste, aussi réglé dans sa conduite que lorsqu'il gardait les vaches dans les bois. Il ne connut jamais d'autres plaisirs que ceux de l'étude et de la bienfaisance.

Il fit rebâtir la maison de ses parents et assura à sa mère une heureuse aisance ; et quand elle eut cessé de vivre, il fit don de la maison à la commune pour y loger l'instituteur et y établir l'école.

## CONFIANCE DUE AUX PARENTS.

Nous ne devons pas seulement à nos parents une obéissance entière : nous devons avoir en eux une pleine confiance.

Dieu, qui leur a imposé le soin de veiller sur nous, leur a donné les lumières nécessaires pour nous conduire. Tant que nous sommes jeunes nous sommes incapables de nous diriger nous-mêmes, c'est à eux à nous diriger.

Il n'y a qu'un père et une mère qui s'intéressent assez à nous pour être toujours disposés à nous donner les avertissements convenables.

Manquer de confiance en ses parents est un des plus grands malheurs qui puissent arriver à un enfant.

Le défaut de confiance peut le conduire au mensonge, et le mensonge est un vice odieux qui l'entraînera dans tous les autres vices. Mentir à quelque personne que ce soit est toujours un grand mal ; mais mentir à son père et à sa mère, c'est presque un sacrilége.

Être dissimulé avec eux et leur cacher la vérité, quoiqu'en ayant soin de ne pas mentir, est encore une chose aussi funeste que condamnable ; car nos parents savent une infinité de choses que nous ne connaissons pas ; ils voient les dangers auxquels nous nous exposons ; ils peuvent seuls nous apprendre à les éviter.

Il ne faut donc rien cacher à nos parents. C'est le seul moyen de conserver l'innocence et de persévérer dans la bonne conduite.

Si quelqu'un conseille à un enfant de faire quelque chose à l'insu de ses parents, l'enfant doit repousser son conseil avec horreur.

Si quelqu'un adresse à un enfant des discours qu'il lui dit de ne pas répéter à son père et à sa mère, l'enfant doit voir en lui un ennemi qui médite sa perte : car pourquoi taire une chose à ses parents, si elle n'est pas coupable ou dangereuse?

Enfin, il ne suffit pas de rendre à nos parents un compte sincère de nos actions et de nos pensées ; nous devons aussi écouter leurs instructions avec une docilité respectueuse, profiter de leurs bons exemples, et nous conformer pendant toute notre vie aux leçons qu'ils nous ont données dans notre jeunesse.

Car la plus sûre marque de respect et de confiance que nous puissions leur donner, c'est de nous conduire d'après leurs instructions, c'est-à-dire d'agir en tout de manière à plaire à Dieu et à mériter l'estime des honnêtes gens. Un père, une mère qui voient leur enfant se bien conduire, trouvent pour ainsi dire le paradis sur la terre ; les louanges qu'on lui donne charment leurs oreilles ; ses vertus font la joie de leur cœur.

Il dépend de nous de leur procurer cette félicité. Marchons donc avec fermeté et avec courage dans la route du bien ; triomphons de la légèreté de l'enfance et des passions de la jeunesse, et soyons toujours fidèles à la sainte loi du devoir.

Cependant, de quelques bonnes résolutions qu'on soit animé, il est difficile, quand on est jeune, de se préserver de toute faute.

Si donc un enfant est malheureusement tombé dans quelque faute, que doit-il faire ?

S'en repentir et la réparer.

Se repentir d'une faute, c'est éprouver une vive douleur de l'avoir commise.

La réparer, c'est exprimer le repentir qu'on en éprouve, en obtenir le pardon et, autant que possible, en effacer les suites.

Le repentir doit être prompt : il ne faut pas résister un seul instant au cri de la conscience.

Le repentir doit être sincère : il ne doit pas consister en un vain et faible regret ; il faut que l'âme soit profondément touchée.

Le repentir doit être durable : s'il s'évanouissait trop tôt, l'on retomberait trop facilement dans la même faute ou dans une autre.

Quand le repentir est prompt, sincère et durable, la réparation ne se fait pas attendre.

Que l'orgueil ne mette jamais obstacle à cette réparation. Il y a de la noblesse d'âme à reconnaître ses torts avec franchise et à les expier avec résignation; mais y persévérer, c'est toujours une honte, c'est souvent une folie, c'est quelquefois un crime.

Ce n'est pas tout que de réparer une faute; il faut éviter d'y retomber.

Heureux l'enfant dont les fautes sont rares et promptement réparées! heureux encore plus celui qui par la parfaite innocence de ses premières années se prépare une jeunesse exempte d'erreurs et d'orages!

## ALEXIS.

Le jeune Alexis avait eu le malheur de perdre sa mère. Son père, qui n'avait pas d'autre enfant, trouvait en lui sa consolation et son bonheur.

Né avec d'heureuses dispositions pour la vertu et avec l'amour du travail, Alexis réussissait dans tout ce qu'on lui enseignait. Pendant ses heures de loisir, il aimait surtout à s'occuper de dessin, il était devenu très-habile dans cet art. En se plaçant devant un grand miroir, il parvint à faire son portrait, qui était très-ressemblant. Le jour de la fête de son père, il lui en fit hommage. Le père, charmé de ce cadeau, suspendit le portrait dans sa chambre. Avant de se livrer au sommeil, il se plaisait à considérer l'image de son

Alexis, et à son réveil ses premiers regards se tournaient vers elle.

Malheureusement Alexis, à l'âge de dix-sept ans, commença à changer de conduite. Un de ses cousins, plus âgé que lui de quatre ans et déjà maître de ses actions et de sa fortune, chercha à le séduire par ses mauvais conseils et par ses dangereux exemples. Il lui persuada que son père était trop rigide, et l'engagea à se soustraire à sa surveillance pour se livrer en secret à des amusements défendus.

D'abord Alexis résista. Un jour cependant, sûr que sa faute resterait inconnue, il se laissa aller à commettre une infraction qu'il croyait légère ; mais la désobéissance, quel qu'en soit l'objet, est toujours grave.

En effet, dès qu'Alexis eut commencé à se livrer à un plaisir défendu et qu'il en eut goûté le charme funeste, il fut bien près de sa perte. Insensiblement ses bonnes inclinations se pervertirent, sa raison même s'obscurcit, et il en vint à violer ouvertement ses devoirs, qu'il semblait ne plus comprendre.

Son père, qu'un tel changement accablait

de douleur, employa tous les moyens pour écarter ce malheureux enfant de l'abîme où il allait se précipiter. Il usa tantôt d'une tendre indulgence, tantôt d'une sage rigueur. Mais ni la rigueur ni l'indulgence ne purent ramener au bien cette âme égarée.

Quelquefois, cependant, Alexis rougissait de ses fautes et formait de bonnes résolutions. Se jetant dans les bras de son père, il pleurait amèrement, et promettait de se mieux conduire. Mais, pour persévérer dans le repentir, il faut de l'énergie, et Alexis n'en avait plus. Il cédait bientôt aux entraînements de son perfide ami, et, oubliant ses promesses, retombait dans ses premiers égarements.

Enfin le père, justement courroucé et sérieusement inquiet, résolut de couper le mal dans sa racine. Il avait découvert que tout le mal était venu de son neveu, ce faux et dangeux ami d'Alexis ; il accabla de reproches ce jeune homme pervers, le chassa de sa présence, lui interdit pour jamais l'entrée de sa maison, et défendit à Alexis, sous les peines les plus rigoureuses, d'avoir dans l'avenir aucun rapport avec lui.

Le méchant jeune homme, outré de dépit, résolut de se venger. Il vint pendant la nuit trouver secrètement Alexis, qui, malgré la défense, eut la criminelle faiblesse de l'écouter, et il l'engagea à se dérober par la fuite à la rigueur de son père. A cette proposition, Alexis fut d'abord comme glacé d'horreur : mais les paroles de son cousin dissipèrent cette impression, et portèrent le trouble dans ses idées : égaré, hors de lui, il céda, et oubliant tous ses devoirs envers Dieu et envers son père, il abandonna la maison. Toutes les précautions avaient été prises d'avance par son cousin, et on ne put retrouver leurs traces. Ils se rendirent ensemble dans une ville éloignée, où ils se livrèrent à toute sorte de désordres.

Voilà ce que fit Alexis, autrefois si bon et si sage ; voilà jusqu'où peut aller un enfant qui se laisse entraîner à une première faute.

Ce jeune insensé ne jouit pas longtemps du fruit de son crime. Quand sa première ivresse se fut dissipée, il se souvint de son père, et le remords commença à le déchirer. Son supplice devenait à chaque instant plus cruel.

Plus de plaisirs, plus de repos pour lui. Dans les festins et dans les fêtes où on l'entraînait, il était pâle et agité, et l'image de son père abandonné venait lui enfoncer mille aiguillons dans le cœur. Tantôt il se le représentait gémissant et versant des larmes, tantôt il croyait le voir enflammé d'indignation et l'entendre maudire son coupable fils. Ces funestes images ne cessaient de se reproduire même dans ses songes, et de troubler le sommeil court et interrompu que ses remords lui laissaient goûter.

Une telle vie lui devint intolérable. Il résolut de tout faire pour réparer sa faute et pour rentrer en grâce auprès de son père. Ni la fausse honte ni la crainte du châtiment ne put le retenir. Le remords avait purifié ce cœur coupable, et dissipant sa faiblesse en même temps que ses illusions, lui avait rendu à la fois le discernement et l'énergie. Il se sépara pour jamais du faux ami qui avait égaré sa jeunesse, et se mit en route vers le lieu natal.

La maison de son père, située un peu en avant du village, était isolée et entourée de riants jardins. Arrivé sur une colline d'où l'on découvrait cette maison, Alexis s'arrête, le cœur oppressé. Ses sanglots éclatent, ses yeux se remplissent de larmes : « C'est donc là, s'écrie-t-il d'une voix entrecoupée, c'est donc là que j'ai passé mon enfance auprès de celui que je ne suis plus digne d'appeler mon père ! Oh ! que j'étais heureux lorsque mon seul désir était de le contenter et de lui plaire, lorsque j'aimais le travail et l'étude, lorsque tous mes plaisirs étaient innocents et purs ! Ce temps fortuné va renaître. Me voilà, mon père, je reviens ; votre Alexis vous est rendu. »

Et il descendait rapidement la colline, lorsque tout à coup la pensée de son crime vient le glacer d'effroi ; ses pieds restent comme enchaînés au sol ; une sueur froide découle de tous ses membres : « Moi paraître à ses yeux !... après ce que j'ai fait !... Ah ! j'ai cru à tort que j'en aurais la force. Non, je n'oserai jamais, je suis trop coupable. De quel front me présenter devant lui ? Comment espérer qu'il m'aimera encore, quand, par ma fuite, je lui ai plongé un poignard dans le cœur ? Il va me repousser, il va me maudire. Je l'ai mérité. Il n'est pas de pardon pour moi. Je suis un enfant dénaturé, un monstre en horreur à toute la nature ! »

En disant ces mots, le malheureux Alexis se laisse tomber sur le gazon, et s'abandonne à la plus violente douleur.

Mais bientôt une voix intérieure, une voix céleste se fait entendre à son cœur et le ranime : « Ah ! dit-il, un père est l'image de Dieu, et sa miséricorde, comme celle de Dieu, est inépuisable ; non, quelque affreuse qu'ait été ma conduite, je ne suis pas irrévocablement condamné. Non, mon père ne me hait pas, ne me maudira pas. Il aura pitié de mes remords. S'il refuse de me reprendre comme son enfant, eh bien ! je lui demanderai de me recevoir au nombre des serviteurs et des ouvriers qu'il emploie. A force de travail et de privations, j'expierai mes torts, je prouverai la sincérité de mon repentir, je mériterai qu'il me rouvre ses bras et qu'il m'appelle de nouveau son fils. »

Sa résolution est prise ; mais il est pâle, il tremble de tous ses membres, et ne sait comment annoncer son retour et implorer son pardon. Enfin, à une heure où il sait que son père est ordinairement occupé dans les jardins, il entre furtivement dans la maison; il y trouve une femme vieille et fidèle qui avait eu soin de ses premières années, et qui, à sa vue, faillit s'évanouir de saisissement et de joie. Il pénètre avec elle dans la chambre de son père. Que voit-il? son portrait toujours à la même place, son portrait qu'il croyait banni de l'appartement. Cette vue ranime ses forces, et lui suggère un moyen aussi tendre qu'ingénieux de faire connaître à son père son retour et son repentir. Il détache le portrait et saisit ses crayons.

Ce portrait représentait Alexis tel qu'il était naguère, ayant dans les yeux la joie de l'innocence et sur les lèvres le sourire du bonheur. Il efface, il corrige, et change à la hâte les principaux traits. Sa physionomie, qui était si riante, respire maintenant la douleur et la honte; et le repentir se peint dans ses yeux humides de larmes. La ressemblance est la même, c'est toujours Alexis, mais Alexis désolé et suppliant. Il entend les pas de son père sur l'escalier, et à la hâte remet le portrait à sa place. Puis il se cache dans un cabinet voisin.

Le père arrive dans la chambre; ses premiers regards, selon son habitude, se dirigent vers le portrait de son fils. A cette vue il pousse un cri, mais ce n'est pas un cri de malédiction et de colère, c'est l'expression de la joie et du bonheur : « Mon fils! mon Alexis! il se repent, il m'est rendu! Viens, ah! viens, ton père t'appelle, il te pardonne! »

Alexis s'élance du cabinet et se précipite aux pieds de son père, qui le relève et le serre dans ses bras. La réconciliation fut scellée par les caresses les plus tendres.

Dès ce jour la conduite d'Alexis fut irréprochable, et il mérita d'être regardé par les autres jeunes gens comme un modèle.

Félicitons donc ceux qui, comme lui, ont été ramenés par le repentir à la vertu; mais félicitons bien davantage ceux qui ont eu le bonheur de ne jamais s'éloigner d'elle.

### RESPECT ET HONNEUR DUS AUX PARENTS.

Ce n'est pas seulement pendant notre enfance et notre jeunesse que nous devons honorer et respecter nos parents; c'est pendant toute notre vie; et même, plus nous avançons en âge, plus ce devoir est sacré pour nous, parce que notre exemple a plus d'influence, particulièrement sur les jeunes gens.

Il n'y a point de dignité, si éclatante qu'elle soit, qui puisse nous dispenser de ce devoir.

Tant que nous habitons auprès de nos parents, ce respect doit se manifester par une attention continuelle à leur être agréables, par des visites empressées, par des soins assidus.

Si nous sommes éloignés d'eux, il faut leur écrire souvent, nous informer de leurs nouvelles, leur faire part de tout ce qui nous concerne, ne rien faire d'important sans les consulter, et aller les voir le plus souvent qu'il nous est possible.

Il ne suffit pas de les honorer nous-mêmes; nous devons obliger notre femme, nos enfants, nos serviteurs, à leur montrer le plus grand respect; nous devons accoutumer nos jeunes enfants à les honorer autant que nous.

Si nous parvenons à acquérir plus d'instruction que nos parents, nous ne devons pas pour cela nous enorgueillir et nous croire supérieurs à eux; car il vaudrait mieux toujours rester dans une ignorance profonde que d'acquérir de l'instruction, si cette instruction devait corrompre notre cœur et faire de nous des enfants dénaturés et ingrats.

Quelquefois, un jeune homme, par ses talents, par son courage ou par une faveur spéciale de la Providence, s'élève fort au-dessus de sa première condition. Il devient riche, puissant, illustre. Alors ce doit être pour lui un inexprimable bonheur que de faire partager à son père et à sa mère les avantages dont il jouit : c'est un devoir; mais l'accomplissement de ce devoir est si agréable, qu'on peut l'appeler en même temps un plaisir. Et, parmi les plaisirs, il n'en est pas de plus délicieux, de plus honorable, de plus pur.

On a vu, dit-on, quelquefois des enfants dénaturés qui, étant devenus savants ou riches, rougissaient des habits grossiers et de la pauvreté de leurs parents. Je ne crois pas qu'il existe de tels monstres; ou, s'il en existe, ils sont en bien petit nombre, et sont pour tous les honnêtes gens un objet de mépris et d'horreur.

Enfin, le respect que nous devons à notre père et à notre mère ne doit pas cesser avec leur vie. Nous devons soigneusement conserver leur souvenir et honorer leur mémoire.

# LE TAILLEUR ET LE BANQUIER.

Dans un village de la Beauce vivait un bon vieux tailleur très-pauvre, mais très-content de sa position ; avec lui était sa femme, qui partageait gaiement sa pauvreté et ne négligeait rien pour lui rendre la vie douce : tous deux étaient fort âgés, mais jouissaient d'une bonne santé et travaillaient assez bien.

Leur fils unique, nommé François, à qui ils avaient fait donner une éducation fort au-dessus de leur état, était sorti de chez eux depuis bien longtemps pour aller aux Indes chercher fortune. Plus de vingt années s'étaient écoulées depuis qu'ils ne l'avaient vu ; ils parlaient souvent de lui ; tous les jours ils priaient le Ciel de ne point l'abandonner, et ils ne manquaient pas tous les dimanches de le faire recommander au prône par le curé, qui avait beaucoup d'estime et de bonté pour eux.

De son côté, leur fils ne les oubliait pas. Il avait éprouvé beaucoup d'aventures et n'avait jamais pu leur donner de ses nouvelles, parce qu'il était allé dans un pays qui n'avait aucune communication avec la France. Il devint banquier ; il amassa par sa bonne conduite une fortune considérable, et il revint en France pour exercer son état à Paris.

Dès qu'il eut choisi une maison et tout arrangé pour son établissement, il résolut de s'informer par lui-même de la situation où étaient ses parents.

Après avoir dit à ses domestiques de n'être pas en peine de lui, il partit à cheval sans que personne l'accompagnât, et il se rendit au lieu de sa naissance.

Il était environ dix heures du soir, et le vieux tailleur dormait auprès de son épouse, lorsqu'ils se réveillèrent en sursaut au bruit que fit le banquier en frappant à la porte de leur petite maison. Ils demandèrent qui frappait. « Ouvrez, ouvrez, leur dit-il, c'est votre fils François.

— A d'autres, répondit le bonhomme ; passez votre chemin, voleurs, il n'y a rien à faire ici pour vous ; François est présentement aux Indes, s'il n'est pas mort.

— Votre fils n'est plus aux Indes, répliqua le banquier ; il est revenu, c'est lui qui vous parle, ne lui refusez pas l'entrée de votre maison.

— Levons-nous, Jacques, dit alors la femme ; je crois effectivement que c'est François ; il me semble le reconnaître à sa voix. »

Ils se levèrent aussitôt tous deux et s'habillèrent à la hâte. Le père alluma la chandelle et la mère alla ouvrir la porte. Elle regarda François, et, ne pouvant le méconnaître, elle se jeta à son cou et le serra étroitement entre ses bras. Jacques, agité des mêmes sentiments, embrassa à son tour son fils ; et ces trois personnes, charmées de se voir réunies après une si longue absence, ne pouvaient se rassasier du plaisir de se donner des marques de leur tendresse.

Après des transports si doux, le banquier débrida son cheval et le mit dans une étable où se trouvait une vache, nourrice de la maison. Ensuite il rendit compte à ses parents de son voyage et des diverses aventures de sa vie.

Le détail en fut long et aurait peut-être ennuyé des personnes indifférentes ; mais un fils qui raconte ce qui le concerne ne saurait lasser l'attention d'un père et d'une mère; il n'y a pas pour eux de circonstance insignifiante : ils l'écoutaient avec avidité, et les moindres choses qu'il disait faisaient sur eux une vive impression de douleur ou de joie.

Dès qu'il eut terminé son récit, il leur dit qu'il venait leur offrir une partie de ses biens, et il pria son père de ne plus travailler. « Non, mon fils, lui dit Jacques ; j'aime mon métier, je ne le quitterai pas.

—Quoi donc! répliqua le banquier, n'est-il pas temps que vous vous reposiez? Je ne vous propose point de venir demeurer à Paris avec moi ; je sais bien que le séjour de cette grande ville n'aurait pas de charmes pour vous. Je ne prétends pas troubler votre vie tranquille ; mais du moins épargnez-vous un travail pénible, et vivez ici commodément, puisque vous le pouvez. »

La mère appuya les sentiments du fils, et

Jacques céda. « Eh bien! François, dit-il, pour te satisfaire je ne travaillerai plus pour tous les habitants du village; je raccommoderai seulement mes vieux habits et ceux de M. le curé. »

Après cette convention, le banquier avala deux œufs frais qu'on lui fit cuire, puis il se coucha et s'endormit avec un plaisir que les enfants d'un excellent naturel sont seuls capables d'imaginer.

François passa trois jours avec ses parents; puis il leur laissa une somme d'argent considérable et retourna à Paris.

Mais, quinze jours après, il fut bien étonné de voir tout à coup son père entrer chez lui. « Quel sujet vous amène ici, mon père? lui dit-il.

— Mon fils, répondit le vieillard, je te rapporte ton argent : reprends-le; je veux vivre de mon métier. Je meurs d'ennui depuis que je ne travaille plus.

— Eh bien! mon père, répliqua François, retournez au village, continuez d'exercer votre profession, mais que ce soit seulement pour vous désennuyer. Remportez votre bourse, et n'épargnez pas la mienne.

4.

— Et que veux-tu que je fasse de ton argent? reprit Jacques.

— Servez-vous-en pour soulager les pauvres, répondit le banquier ; faites-en l'usage que votre curé vous conseillera. »

Le bon vieillard, charmé de cette réponse, s'en retourna dans son village. Il continua, ainsi que sa femme, de travailler, mais sans prendre trop de fatigue. Tous les six mois leur fils allait les voir, et jamais on ne vit un fils plus heureux ni de plus heureux parents.

## DÉFÉRENCE, SOINS ET PRÉVENANCES ENVERS LES PARENTS.

Il ne suffit pas d'aimer nos parents ; il faut le leur prouver en ne négligeant rien de ce qui peut contribuer à leur bonheur.

Nous devons conserver avec eux un caractère empressé, aimable ; sans un tel caractère, on ne saurait ni être heureux soi-même ni rendre heureux les autres.

Cette vertu est quelquefois un peu difficile à acquérir : nous avons d'abord de la peine à nous vaincre : il nous en coûte pour ne jamais rien dire ni rien faire qui ne soit agréable aux personnes que nous aimons ; mais, du moment où cette habitude est acquise, l'effort cesse de nous être pénible, et nous recueillons de notre conduite les avantages les plus précieux.

Il est toujours fort mal de se laisser aller à la colère, et de montrer de la mauvaise humeur; mais agir ainsi envers un père ou une mère, ce n'est pas seulement être extravagant ou bizarre, c'est être très-coupable.

Vainement dirait-on que si on s'oublie quelquefois ainsi, la vivacité du caractère en est seule cause et que le cœur n'y est pour rien. De semblables écarts ne peuvent jamais se justifier.

La complaisance, la douceur, l'obligeance, sont des qualités aimables, qui font le charme de la société humaine. Ces qualités, dans nos rapports avec les étrangers, sont un sûr moyen de nous attirer leur bienveillance; dans la famille, elles sont un devoir. Elles sont un devoir surtout envers un père et une mère, à qui leurs bienfaits donnent tant de droits, non-seulement au respect, mais aux prévenances affectueuses de leurs enfants.

Soyons donc toujours patients, complaisants, empressés; ne leur répondons jamais que d'une manière agréable. Et, de plus, ayons pour eux ces soins et ces innombrables prévenances qu'une tendresse véritable inspire toujours.

Leur âge ne leur donne que trop de penchant à la tristesse : ne contribuons jamais à les chagriner ; bien au contraire , inventons tous les jours quelques nouveaux moyens de leur procurer du plaisir.

Si notre empressement et nos prévenances ne se démentent jamais, notre vue seule les ranimera et leur rendra la gaieté. Chaque sourire que nous ferons naître sur leurs lèvres , chaque étincelle de satisfaction que nous rallumerons dans leur cœur, contribuera à prolonger leurs jours et nous attirera de leur part de nouvelles bénédictions.

Ainsi nous recevrons une double récompense de notre conduite, l'une dans le bonheur de nos parents, l'autre dans le bonheur que leurs bénédictions attireront sur nous : car les bénédictions d'un père et d'une mère sont toujours exaucées de Dieu.

# JEANNE PARELLE,

## 1836.

Jeanne Parelle est née à Coulange, près de Montrésor, dans le département d'Indre-et-Loire.

Son père était terrassier et connu pour un très-brave homme, laborieux et élevant bien sa famille. Il avait à Coulange une maisonnette, avec un très-petit champ.

Sa fille Jeanne servait comme domestique chez une famille des environs, qui lui donnait de très-bons gages.

Elle apprit que sa mère, âgée de cinquante-cinq ans, était devenue infirme et ne marchait plus qu'à l'aide d'un bâton. Elle renonça à la position avantageuse qu'elle occupait et se rendit auprès de sa mère pour ne plus la quitter.

*Je veux rester avec vous*, lui dit-elle : *servir pour servir, ne vaut-il pas mieux que je serve ma mère que des étrangers?*

Mais bientôt son père aussi tomba malade; il fut attaqué d'une infirmité cruelle et devint presque aveugle. Jeanne eut soin de lui comme elle avait déjà soin de sa mère; ses économies furent sacrifiées, le petit champ fut vendu. Des personnes charitables vinrent en aide à l'excellente fille, dont tout le monde admirait le dévouement.

Après dix ans, le père mourut, et Jeanne le pleura amèrement.

Quelqu'un lui dit : « C'est une grande délivrance pour lui et pour vous. Il souffrait tant! vous aurez du mal de moins. »

*Ceux qui me parlent ainsi*, dit Jeanne, *croient me consoler, et ils ne font que me causer de la peine; ils ne savent pas combien j'aimais mon pauvre père... Enfin, Dieu lui a donné sa récompense, et moi j'aurai la mienne.*

Jeanne resta seule avec sa mère; elle filait, allait à l'herbe, et consacrait la plus grande partie de son temps à soigner la pauvre malade.

Sa mère, qui jusqu'alors avait pu se traîner

à l'aide d'un bâton, devint complétement aveugle, et la paralysie ne lui permit plus aucun mouvement : il fallait la lever, la coucher, l'asseoir. Jeanne, pendant plus de vingt ans, ne passa pas une nuit sans se relever. Le détail des soins qu'elle donna à sa mère est à peine croyable.

Cette femme était très-pieuse, toute la journée elle priait dans son fauteuil. Une veille d'Assomption, elle dit à sa fille : « C'est demain la Notre-Dame d'août ; je voudrais bien aller à l'église. »

Dans une meilleure position et avec des moyens de transport, des enfants, même dévoués, auraient objecté la difficulté de conduire une personne si infirme... Mais Jeanne répondit avec empressement : « *Vous voulez aller à l'église ? Eh bien ! ma bonne mère, nous irons ; oui, je vous y mènerai, soyez tranquille.* » Et elle lui prend la main et la baise ; car c'est toujours avec de douces caresses et de tendres attentions qu'elle lui parle.

Et le lendemain, Jeanne passe son bras gauche dans le bras d'un grand fauteuil ; elle met sa mère debout, la prend avec son bras droit; la vieille mère, soutenue ainsi, se laisse traîner pendant deux pas...., puis on s'arrête ; Jeanne l'assied un moment sur le fauteuil ; puis elle la relève, et on recommence. Cette route pénible dure plus de trois quarts d'heure pour un trajet de cinq minutes à peine.

Au retour, qui se fait de la même manière, Jeanne est toute gaie : « *Eh bien! ma chère mère, avez-vous bien prié Dieu? Êtes-vous contente? Vous n'êtes pas fatiguée, n'est-ce pas?* »

Cette promenade laborieuse a depuis été renouvelée autant de fois que la bonne femme l'a souhaité.

Jeanne garde pour elle seule le pain bis que lui donne le bureau de bienfaisance, et achète pour sa mère du pain blanc. Elle lui procure aussi, le plus souvent qu'elle peut, du beurre, du fromage et du lait. Pour elle, elle ne mange jamais que des pommes de terre.

Un jour, une personne lui fit porter une tourte dont on n'avait presque pas mangé Longtemps après, on s'étonna d'en voir encore chez elle.

« Vous n'avez pas fini votre tourte !

— *Ah ! je la ménage pour ma mère : je lui en coupe de bons petits morceaux à ses repas, ça la régale.*

— Vous n'en mangez donc pas ?

— *Ce serait grand dommage que j'en mange, pour lui rogner sa portion, à la pauvre femme : c'est sa petite jouissance... Ni voir, ni entendre et toujours souffrir... C'est bien le moins que je lui fasse ce que je peux.* »

Car la pauvre malade est devenue complétement sourde.

Au milieu de ses infirmités, la mère Parelle est si bien assise dans un fauteuil, si proprement arrangée, qu'il est aisé de voir avec quelle tendresse elle est soignée.

Quelquefois la souffrance aigrit son caractère, et elle devient de plus en plus difficile à servir. Mais la douceur et la complaisance de Jeanne ne se démentent jamais. Elle dit à ceux qui viennent la voir :

*Ah ! si'vous l'aviez connue autrefois ! c'était une si digne femme ! elle a tant travaillé pour élever sa famille dans des temps si durs ! Elle était si douce et si bonne ! Depuis si longtemps qu'elle est malade, si elle est tourmentante, ce n'est pas sa faute; c'est la souffrance qui veut ça. Ah! elle aura une belle récompense devant Dieu!..... »*

Elle sera grande aussi devant Dieu la récompense de cette excellente fille, si digne d'être citée comme un modèle.

# UNION FRATERNELLE.

Une des meilleures preuves de respect que nous puissions donner à nos parents, c'est d'aimer tendrement nos frères et nos sœurs, et de vivre toujours avec eux en parfaite intelligence.

Rien n'est plus agréable pour un père et pour une mère que le spectacle de l'union entre leurs enfants.

Le plus fort ne doit jamais abuser de ses avantages ; il doit, au contraire, être plein de complaisance et de douceur pour le plus faible. Le plus faible, de son côté, ne doit pas abuser de cette patience qu'on lui témoigne, et il doit s'abstenir soigneusement de ce qui pourrait irriter ses frères.

Entre frères, les injures et les coups ne devraient jamais être connus. Comment vivrons-nous bien avec les étrangers, si nous ne savons pas conserver l'union avec les membres de notre propre famille ?

C'est aussi un devoir pour nous que de leur donner constamment le bon exemple, et de les exciter, par notre conduite et par nos conseils, à faire ce qui peut être agréable à nos parents.

Sous ce rapport, les plus âgés ont un devoir important à remplir : comme ils sont plus raisonnables que les autres et que leur exemple peut avoir plus d'influence, ils sont plus strictement obligés à être pour eux des modèles irréprochables d'obéissance et de bonne conduite.

Un frère aîné doit en outre donner ses soins à ses jeunes frères et sœurs, les avertir et les reprendre amicalement quand ils tombent dans quelque faute, et se considérer comme étant en quelque sorte, dans leur éducation, l'aide et le remplaçant du père et de la mère. C'est un grand honneur, et c'est en même temps une obligation sacrée.

Les jeunes garçons doivent à leurs sœurs

toutes sortes d'égards et de déférences. Comme elles sont plus faibles et plus délicates, elles ont droit à plus de ménagements. Il faut les consoler dans leurs peines, les aider dans leurs travaux. Il faut surtout ne jamais leur parler avec vivacité ou dureté, et ne rien dire en leur présence qui puisse leur être désagréable à entendre. Il faut respecter leur modestie, et ménager leur sensibilité.

Les frères et les sœurs doivent toujours se prévenir les uns les autres par toutes sortes de marques d'intérêt et d'affection. Les frères doivent, s'il est possible, tâcher de surpasser leurs sœurs dans ce combat d'amitié. Plus ils auront de prévenances pour elles, plus on estimera leur politesse et leurs bons sentiments, et la douce union qui régnera dans la famille charmera le cœur de leur père et de leur mère.

# LA MOISSON DE FLEURS.

La petite Eugénie avait passé les plus beaux jours du printemps dans son lit. Quand elle fut convalescente et qu'elle commença à reprendre ses forces, elle pensa aux fleurs, et demanda si cette année elles étaient aussi belles que l'année précédente. Eugénie aimait beaucoup les fleurs, mais elle ne pouvait pas encore sortir pour en cueillir.

Alors son frère aîné Eugène prit une corbeille, et dit tout bas à sa mère : « Je vais aller lui chercher les plus belles fleurs des champs. A mon retour, comme elle sera contente ! »

Et il alla dans la campagne pour la première fois ; car il n'avait pas quitté la chambre de sa sœur depuis qu'elle était malade. Le printemps lui parut plus beau que jamais ; la joie qu'il éprouvait de voir sa sœur sauvée donnait pour lui à toute la nature un charme de plus.

Eugène courait joyeusement de côté et d'autre, montant et descendant la colline. Les rossignols chantaient, les abeilles bourdonnaient, les papillons voltigeaient autour de lui, et les plus belles fleurs s'épanouissaient à ses pieds. Il allait de l'une à l'autre en chantant.

La corbeille fut bientôt remplie. Par-dessus il mit une jolie couronne faite avec des grains rouges enfilés à un brin d'herbe. Puis il regarda en souriant son ouvrage et s'assit sur la mousse tendre à l'ombre d'un chêne. Là, il contemplait tranquillement la campagne dans tout l'éclat du printemps, et écoutait avec plaisir le chant des rossignols qui se répondaient. Comme il était fatigué, il s'endormit.

Pendant qu'il dormait tranquillement, un orage arriva. Le nuage obscur monta en silence ; les éclairs brillèrent et le tonnerre retentit. Tout à coup le vent mugit dans les branches du chêne. L'enfant tressaillit et s'éveilla. Il vit tout autour de lui le ciel enveloppé de nuages menaçants ; pas un rayon de soleil n'éclairait la campagne. Un violent coup de tonnerre suivit son réveil; le pauvre enfant restait comme étourdi devant ce bouleversement inattendu.

Hélas! c'est ainsi que les plaisirs que l'on goûte sur la terre sont souvent troublés par quelques orages soudains.

De grosses gouttes de pluie commencèrent à percer à travers les feuilles du chêne. L'enfant effrayé saisit la corbeille et s'enfuit. L'orage était sur sa tête, et la pluie et la tempête augmentèrent; et le tonnerre grondait d'une manière effroyable. Les vêtements d'Eugène furent bientôt percés par la pluie : l'eau ruisselait le long de ses cheveux et de ses épaules; à peine pouvait-il poursuivre son chemin. Pour surcroît d'infortune, un violent coup de vent pénétra dans la corbeille et dispersa sur la terre les fleurs amassées avec tant de soin.

« Mon Dieu! s'écria-t-il, après que je me suis donné tant de mal pour faire un peu de plaisir à ma sœur, faut-il que tout soit perdu! » Plein de dépit, il jeta à terre la corbeille vide et arriva à la maison sanglotant et tout trempé.

L'orage se dissipa et le ciel s'éclaircit. Les oiseaux recommencèrent leurs chants, et le laboureur son travail; l'air était épuré et rafraîchi : un doux calme régnait dans la vallée et sur les collines. La nature entière semblait rajeunie; et les habitants de la campagne, pleins de joie et de reconnaissance, élevaient leurs regards vers le nuage qui s'éloignait après avoir apporté à leurs champs la bénédiction et la prospérité

Eugène fut honteux de son découragement et de son dépit. Il retourna en silence pour chercher sa corbeille qu'il avait jetée à terre, et pour la remplir de nouvelles fleurs. La corbeille était encore sur le penchant de la colline. Un buisson l'avait retenue et protégée contre la violence du vent. L'enfant la ramassa; mais quel fut son étonnement et sa joie, lorsqu'en jetant les yeux autour de lui, il vit que la pluie avait fait naître mille fleurs nouvelles! Mille boutons s'étaient ouverts, et les gouttes de rosée étincelaient sur les feuilles comme des diamants. Eugène allait d'une fleur à l'autre, comme une abeille, et sa corbeille fut bientôt remplie.

Alors le soleil se pencha derrière la montagne. L'enfant retourna avec joie à la maison, considérant avec ravissement son trésor de fleurs et sa couronne de grains rouges fraîchement cueillis.

Les rayons du soleil couchant éclairaient son visage plein de grâces, et son œil devint encore plus brillant et plus tendre, quand il vit la joie et la reconnaissance de son aimable sœur.

« N'est-il pas vrai, Eugène, lui dit sa mère, les plaisirs que nous procurons aux personnes qui nous aiment sont ceux qui nous font jouir le plus? »

Ainsi Eugène fut doublement heureux : heureux d'avoir fait plaisir à sa sœur; plus heureux encore d'avoir mérité l'approbation de sa mère.

Quand notre père et notre mère avancent en âge et ne peuvent plus pourvoir par eux-même à tous leurs besoins, notre devoir est de travailler pour eux, de subvenir à leur nourriture et à leur entretien, et de leur procurer tout ce qui contribue à rendre l'existence agréable.

Ce devoir est évidemment imposé par la reconnaissance. Les lois nous le prescrivent; la nature nous l'inspire.

Il est clair que ceux à qui nous devons notre existence ont droit d'exiger que nous fassions tout ce qui dépend de nous pour conserver la leur.

Il est clair aussi que ceux qui nous ont soignés, nourris, élevés à un âge où nous ne pouvions rien pour nous-mêmes, doivent être soignés, nourris, secourus par nous, quand leur position et la nôtre ont changé, quand nous sommes devenus forts et qu'ils sont redevenus faibles.

En nous acquittant scrupuleusement de ce devoir, nous ne méritons aucun éloge, nous ne faisons que remplir une obligation à laquelle nous ne pouvons nous soustraire ; nous payons une dette. Celui qui ne la payerait point ne serait pas seulement un misérable, dénué de tous sentiments honnêtes ; ce serait aussi un débiteur infidèle.

C'est ce que fait comprendre la réponse ingénieuse qu'un honnête paysan fit un jour à un prince.

Ce prince lui demandait quel emploi il faisait de l'argent qu'il gagnait par son travail.

« Je le divise en trois parts, répondit le paysan : la première sert à payer mes dettes ; la seconde est employée à mes dépenses et à celles de ma femme ; et quand à la troisième, je la place à gros intérêts.

— Que voulez-vous dire par là ? demanda le prince.

— Le voici, répondit le bon villageois. Je consacre la première part à soutenir mes parents âgés : n'est-ce pas payer une dette? Je consacre la troisième à élever mes enfants : n'est-ce pas la placer à gros intérêts? »

Le prince admira cette réponse, qui lui parut pleine de bons sentiments et de raison.

Un fils tendre et reconnaissant regarde l'accomplissement de ce devoir comme un véritable bonheur.

Qu'il est doux en effet de consacrer à des parents chéris ses soins et ses forces! Qu'il est doux de leur offrir les fruits de son travail! Qu'il est doux de répandre sur leurs derniers jours l'aisance et le bonheur!

C'est une félicité inexprimable que de pouvoir se dire à soi-même :

« Jamais, non jamais, je ne pourrai rendre à mes parents qu'une bien faible partie de ce que j'ai reçu d'eux. Mais, si je ne puis égaler leurs bienfaits par ma reconnaissance, je tâche du moins d'en approcher; s'ils ont guidé mes premiers pas, aujourd'hui j'aide leur marche chancelante; s'ils m'ont donné d'utiles leçons, je leur prouve aujourd'hui que j'en ai profité; s'ils m'ont mis en état de gagner honorablement ma vie, je soutiens aujourd'hui la leur; s'ils ont veillé sur mon enfance, je rends leur vieillesse heureuse. »

C'est là le bonheur le plus vrai que puisse goûter un homme dont le cœur est noble et pur. Il ne se contente pas de veiller à ce que ses parents ne manquent de rien; il a soin qu'ils aient plus que le nécessaire; il aime mieux s'en priver lui-même, pour leur procurer les jouissances dont on peut se passer à un autre âge, mais qui sont pour les vieillards un adoucissement et une consolation dans leurs maux.

Il ne se contente pas de remplir ce devoir d'une manière irréprochable; il y joint une bonne grâce et une délicatesse de procédés qui en augmentent le mérite et en doublent le prix.

Et tous les jours il prie Dieu de lui conserver de vieux et respectables parents, dont la présence au sein de sa famille est une bénédiction du Ciel.

C'est ainsi que nous devons soigner nos parents dans leur vieillesse.

Dans les autres occasions où ils peuvent

avoir besoin de nous, notre cœur nous dit assez ce que nous avons à faire. Pour les soigner dans une maladie, pour les tirer d'un danger, pour faire cesser leurs peines, nous devons être prêts à tout souffrir, à tout entreprendre, à tout faire.

Les excellents pères et les excellentes mères qui se sacrifient pour leurs enfants ne sont pas rares; mais on voit aussi bien souvent des fils généreux ou des filles dévouées dont la belle conduite est un sujet d'admiration et d'attendrissement.

Ces beaux et nobles exemples sont infiniment nombreux. Nous citerons seulement celui d'un jeune homme d'Aurillac, ville capitale du département du Cantal.

# JEAN VIGIER

—◦❦◦—

Une dame d'Aurillac, vertueuse et riche, perdit son mari et sa fortune par une suite de malheurs imprévus. Son nom était madame Vigier.

Il ne lui restait qu'un enfant qui était alors pensionnaire au collége d'Aurillac Jean Vigier était un bon élève, docile, studieux, chéri de ses camarades, estimé de ses maitres. Dans les distributions solennelles qui terminent l'année classique, il obtenait toujours beaucoup de prix et n'en était que plus modeste.

Jean savait bien que sa famille avait éprouvé des malheurs, mais il n'en connaissait pas l'étendue; il ignorait que sa mère était réduite à la détresse. Le principal du collége, homme

généreux et charitable, était décidé à le garder
dans son établissement sans exiger le prix de
la pension. « Quand il sera grand, disait-il,
il me remboursera. »

Cependant, cela ne suffisait pas; outre la
pension, il fallait au jeune élève des habille-
ments, des livres, du linge, bien d'autres
choses encore. Comment y pourvoir?

Quelques personnes charitables, entre autres
le préfet du département et le curé de Notre-
Dame-des-Neiges, s'étaient associées pour
subvenir aux besoins de la malheureuse famille. Mais leurs ressources n'étaient pas
suffisantes pour pourvoir en même temps aux
dépenses de la mère, qui était presque toujours malade, et à l'entretien du fils. Elles
tinrent conseil entre elles, et il fut résolu que
la pauvre veuve serait placée à l'hôpital.

Il fallait prévenir de cette résolution le
jeune collégien. Cette commission était pénible; on redoutait sa douleur et son déses-
poir. Le curé s'en chargea, et voici comment
il s'y prit.

C'était un jeudi, jour de sortie pour les
pensionnaires. Le curé va au collége pour

chercher Jean afin de lui faire passer la journée chez lui. L'enfant, plein de joie, se revêt
de ses habits neufs comme on fait ordinairement pour une promenade et une partie de
plaisir, et sort gaiement avec le curé.

Le curé l'amène chez lui et le fait entrer
dans son cabinet. Sur une table, dans le cabinet, était son bréviaire. Le curé sort pour affaire, en promettant à l'enfant de revenir bientôt, et le laisse seul dans le cabinet.

Jean, resté seul, et ne sachant à quoi s'occuper, voit le bréviaire sur la table. Il ne croit
pas qu'il y ait de l'indiscrétion à ouvrir un
livre de prières; il avait tort; mais ce tort,
dans la circonstance, était presque excusable.
Il prend donc le bréviaire et l'ouvre. Un papier qui y avait été placé s'en échappe, et
tombe sur le plancher. Jean le ramasse, et ses
yeux se portent involontairement sur ce qu'il
contient. Que voit-il? c'est le billet d'admission
de sa mère à l'hôpital.

Les yeux de l'enfant se couvrent d'un nuage;
le billet échappe de ses mains tremblantes. Il
croit qu'il n'a pas bien lu; il reprend le fatal
papier, le relit, le relit encore. C'est bien de

sa mère qu'il est question; c'est un billet d'admission à l'hôpital pour sa mère,

L'enfant tremble et frémit; un cri déchirant sort de sa poitrine : « A l'hôpital! ma mère à l'hôpital!... »

Alors il devine la position de sa famille, que jusqu'alors on lui avait laissé ignorer.

Il reste quelques minutes plongé dans une réflexion profonde : il ne regrette pas la position brillante que sa famille a perdue, il ne pense pas à la perte de la fortune dont il devait hériter un jour. Il ne songe qu'à sa mère, plongée dans la détresse la plus cruelle, à sa mère menacée d'être reléguée dans un hospice.

« Ma mère à l'hôpital, dit-il, ah jamais! »

Dès cet instant, sa résolution est prise; la tendresse filiale lui donne une force inouïe; tout enfant qu'il est, il se sent le courage d'un homme; il en aura la persévérance et la fermeté.

Il sort du presbytère sans être aperçu de personne, va au collége, quitte ses habits de dimanche, reprend ses habits de tous les jours et revient.

Le curé, qui, après son départ, était rentré dans son cabinet, avait été bien surpris de ne pas l'y retrouver, et s'inquiétait de son absence. Quand il le vit rentrer, il ne s'aperçut pas d'abord du changement d'habits, et lui dit : « Ah ! pauvre enfant ! tu as ouvert mon bréviaire ! tu sais tout, et tu es allé te cacher pour pleurer.

— Non, monsieur le curé, dit l'enfant, je n'ai pas pleuré... Ma mère n'ira point à l'hôpital ; elle y mourrait de chagrin. Je quitte le collége. Je vais rester avec ma mère. Je soutiendrai ma mère. »

Frappé d'une résolution si généreuse et si inattendue de la part d'un enfant, le curé ne put retenir quelques larmes. Il embrassa l'enfant avec tendresse et lui dit ; « Mon ami, tu perds ton avenir ; et d'ailleurs, comment pourras-tu soutenir ta mère ?

— Dieu me donnera de la force, et cette force croîtra avec l'âge. J'ai quitté mes beaux habits, que je ne mettrai plus et que je vendrai, pour donner à ma mère les premiers secours. »

Pour ébranler la résolution de Jean, le curé

appela les personnes qui s'intéressaient à cette famille, le principal du collége, le préfet même, qui combattirent en vain son projet.

« Mon enfant, lui disaient-ils, songe donc à ton avenir. Tes études se font avec succès. En sortant du collége, tu pourras choisir ta carrière. Tu obtiendras bien sûrement une bourse ou d'autres secours du gouvernement. Tu seras ce que tu voudras, officier, ingénieur, médecin, avocat; tu reprendras la position que ta famille a perdue; tu retireras alors ta mère de l'hospice; tu seras l'honneur et le soutien de ses vieux jours.

— Ah! répondit-il, vous ne connaissez pas ma mère; si elle entre à l'hôpital, dans six mois elle sera morte. Mon bonheur aurait été de finir mes études; mais mon devoir, je le sens, est de rester avec ma mère, de la soigner, de la soutenir. Je ferai mon devoir, je serai heureux de le faire. »

Jean avait déjà une jolie petite bibliothèque formée des prix qu'il avait obtenus; il avait une montre d'or, que le préfet lui avait donnée; il avait de beaux habits; il fit vendre tout pour entreprendre un petit commerce. Il se fit porte-balle ; il vendait des gâteaux, des jouets d'enfants ; tout le monde admirait sa conduite et se plaisait à lui acheter. Il gagna du pain pour sa mère et pour lui.

Jean, devenu grand et fort, s'est fait commissionnaire dans une hôtellerie ; c'est un métier bien pénible, mais dans lequel il gagna assez pour procurer à sa mère une douce aisance.

Car, depuis vingt-cinq ans, il n'a pas quitté un seul jour la pauvre veuve malade ; il n'a pas cessé d'être le modèle du plus parfait dévouement filial ; il passe auprès d'elle tous les moments dont ses occupations lui permettent de disposer, et c'est toujours sur son bras qu'elle s'appuie quand elle va, par un jour de soleil, glaner dans les champs.

Dans le métier de commissionnaire d'hôtellerie, on est exposé à bien des humiliations ; Jean Vigier, qui a le cœur fier, souffre cependant sans se plaindre les caprices et les insolences des voyageurs qui ne savent pas qui il est et ce qu'il vaut ; il puise dans le sentiment de sa noble conduite, la force de tout supporter.

Mais tous ceux qui le connaissent l'estiment

et l'admirent ; ses anciens camarades de collége, quelque brillante que soit leur position
sociale, lui montrent toujours la même fami-
liarité qu'autrefois, et il n'est aucun d'entre
eux qui, lorsqu'il rencontre le pauvre commissionnaire, ne se fasse un honneur et un
plaisir de causer avec lui et de lui serrer la
main.

# RESPECT DU AUX SUPÉRIEURS, AUX VIEILLARDS ET AUX BIENFAITEURS.

-c✿o-

Il est des personnes pour qui nous devons éprouver un sentiment qui se rapproche plus ou moins du sentiment filial.

Ainsi nous devons du respect à nos chefs, aux magistrats, et à tous les dépositaires de l'autorité publique.

Les ministres de la religion doivent être aussi, dès notre enfance, l'objet de notre vénération : il ne suffit pas de respecter leur personne, il faut suivre leurs préceptes; il faut écouter avec une attention pieuse la divine morale qu'ils nous prêchent de la part de Dieu; il faut surtout y conformer notre conduite.

L'instituteur qui a donné des soins à notre enfance est le ministre dont Dieu et nos parents se sont servis pour développer en nous la raison, et pour nous accoutumer aux bonnes mœurs : à ce titre, il doit toujours nous être cher. Lorsque notre instruction est terminée, nous devons conserver pour lui une vive reconnaissance, et lui donner des marques d'attachement et d'estime.

Un enfant doit toujours montrer du respect à toutes les personnes plus âgées que lui, mais surtout aux femmes et aux vieillards. Celui qui se moque d'un vieillard est un méchant et un lâche, que tout le monde méprise. Il faut honorer les vieillards en toute manière, supporter avec patience la mauvaise humeur que leur âge leur inspire quelquefois, leur céder partout les meilleures places, et leur montrer toutes sortes de déférences et d'égards.

Si une personne a fait du bien à notre père ou à notre mère, n'en perdons jamais le souvenir. Que cette personne soit pour nous l'objet d'un respect tout particulier.

Un fils ne doit point épouser les haines

de son père ; mais il doit partager la reconnaissance que ce même père a vouée à ses bienfaiteurs, et il doit regarder cette reconnaissance comme une partie précieuse de son héritage.

Quelquefois un enfant, ou abandonné ou malheureux, a reçu d'un parent ou d'un étranger des soins paternels. Tantôt c'est un oncle qui élève son neveu et qui se charge de sa tutelle ; tantôt c'est une personne charitable qui prend pitié d'un orphelin, qui pourvoit à ses besoins, qui veille sur son enfance, et qui lui apprend ou lui fait apprendre un métier pour le mettre en état de gagner sa vie.

Un bienfaiteur aussi généreux acquiert tous les droits d'un père et d'une mère. L'enfant doit être pour lui respectueux, aimant, soumis, confiant, docile ; il doit conserver pour lui une reconnaissance tendre et pieuse, qui se manifestera pendant tout le cours de sa vie, moins par des paroles que par des actions.

C'est ce qu'a fait la jeune Adèle, dont nous allons raconter la conduite.

Ainsi nous terminons ce petit livre, destiné aux enfants, comme nous l'avons commencé, en leur rappelant que la reconnaissance est un devoir sacré : sans reconnaissance point de vertu, et par conséquent, point de bonheur.

# LA JEUNE APPRENTIE.

Adèle Caillet, née à Besançon, est fille
d'un militaire sans fortune.

Dans son enfance, elle reçut les soins de
madame Ducormier, maîtresse ouvrière en
linge, à Paris, qui lui enseigna son état.

Adèle, devenue, grâce à sa bienfaitrice,
une excellente ouvrière, gagnait honorablement sa vie.

Elle apprit que madame Ducormier venait
de tomber malade. Elle quitta tout, et accou-
rut auprès d'elle.

Depuis ce moment, la santé de madame
Ducormier se dérangea de jour en jour davantage. Sa poitrine fut violemment attaquée; elle
souffrait de fréquentes suffocations; de sorte

G.

qu'elle fut hors d'état de travailler et de se livrer à aucune occupation sérieuse.

Le fardeau de l'établissement et des soins du ménage fut entièrement supporté par Adèle, qui, dans sa vive et tendre reconnaissance, rendait à la malade tous les services que sa situation exigeait.

Comme la maladie se prolongea longtemps, il arriva une époque où madame Ducormier n'eut plus de quoi suffire à ses besoins ; elle fut obligée de faire vendre presque tous ses effets les uns après les autres ; tout ce qui dans la maison annonçait l'aisance disparut ; tout présenta bientôt l'aspect du dénûment et de la misère.

Adèle subvint à tout : elle n'était découragée ni par les peines qu'elle prenait, ni par les sacrifices qu'elle était obligée de s'imposer journellement ; elle ne quittait le travail que pour soigner la malade, et elle était souvent obligée de se lever pendant la nuit, pour lui procurer les soulagements que son état exigeait.

Quelquefois la malade, se sentant mieux, voulait remettre la main à l'ouvrage ; mais le mauvais état de sa vue était cause qu'Adèle était obligée de défaire ce que sa maîtresse avait fait, pour le recommencer. Seulement, pour cela, elle se cachait d'elle, et attendait qu'elle fût endormie, pour ne pas lui faire de peine.

La pauvre malade, pendant les huit mois qui précédèrent sa mort, n'a jamais quitté son lit. Adèle ne voulut pas consentir à ce qu'on la mît à l'hospice, épuisa ses propres ressources, et mit ses effets en gage pour subvenir aux dépenses nécessaires.

Ce qui rend ce dévouement admirable, c'est qu'il n'a pas duré quelques semaines, quelques mois, mais douze années consécutives sans que le zèle de cette vertueuse fille se soit ralenti un seul instant.

# DERNIERS CONSEILS : LA FAMILLE.

Avant de terminer ce petit livre, destiné à nos jeunes élèves, je dois leur adresser quelques observations, bien importantes pour leur avenir.

La première, c'est qu'en se montrant pieux et dociles envers leurs parents ils acquerront insensiblement et sans effort presque toutes les qualités qui font l'homme de bien.

En effet, les vertus de famille sont l'apprentissage de toutes les autres vertus : l'accomplissement des devoirs de famille rend doux et facile l'accomplissement de tous les autres devoirs.

L'âme, accoutumée de bonne heure à tout ce qui est honnête, ne saurait plus dans la suite se plier à d'autres habitudes ; nourrie dès l'enfance d'affections pures et saintes, elle ne veut plus d'autre aliment.

Par exemple, l'homme qui est dévoué à sa famille aime le travail et l'activité, à l'aide desquels il peut lui procurer l'aisance ; il aime l'ordre et l'économie, qui seuls peuvent assurer cette aisance.

Ainsi la pratique des vertus de famille contribue à donner naissance à tous les sentiments louables et généreux.

Elle est une source de plaisirs purs et toujours renaissants. C'est par elle surtout qu'on mérite le bonheur et qu'on en jouit.

Le bonheur est ordinairement la récompense d'une famille vertueuse et bien unie.

Comment au dehors trouverions-nous des affections sincères et durables, si nous méconnaissions celles que Dieu a créées pour nous dans notre intérieur ? Serions-nous jamais dignes de goûter de vrais plaisirs, si nous étions insensibles à ces plaisirs si purs dont la source est dans la nature et dans la vertu ?

Il s'expose donc à ne pas rencontrer le bonheur, celui qui le cherche hors de la famille.

Où espère-t-il le trouver ?

Dans les jeux et dans les divertissements ?
Dans les distractions bruyantes ?

— Mais les divertissements et les jeux ne peuvent que nous amuser quelques instants ; les
distractions bruyantes ne font que nous étour-
dir et laissent le cœur vide. Les jouissances de
famille, au contraire, satisfont pleinement le
cœur ; leur charme ne s'affaiblit jamais ; plus
on les goûte, plus on veut les goûter. Le
temps nous les rend encore plus précieuses
en nous désabusant des autres.

Hors de là on ne trouvera jamais que des
jouissances passagères et équivoques ; on ne
goûtera que des plaisirs faux.

Les affections sincères, les vrais plaisirs
sont dans la famille, auprès de bons et ver-
tueux parents, auprès d'une épouse soigneuse
et tendre, auprès d'enfants pieux et dociles,
auprès d'amis que le sang ou l'affection a faits
nos frères.

Ces êtres chéris adoucissent nos peines en
les partageant ; nos joies, ressenties par eux,
sont doublées pour nous.

Puisse cette dernière leçon rester dans la

mémoire de ces aimables enfants qui, pour exercer leur intelligence naissante, viennent de faire avec tant d'application, par l'étude de leurs devoirs, l'apprentissage de l'art nouveau pour eux de la lecture !

Puisse l'amour filial, dont leur cœur est vivement pénétré, contribuer à développer en eux toutes les vertus qui font l'homme d'honneur et le bon citoyen !

Puissent-ils, après avoir été dans leurs jeunes années la joie et l'honneur de leur famille, goûter ensuite tout le bonheur que la vie de famille peut donner !

# Table des Matières


Reconnaissance due aux parents. . . . . . . . . . . . . . .   5
Le pêcheur et son fils. . . . . . . . . . . . . . . . .  10
Amour filial. . . . . . . . . . . . . . . . . . . . . .  13
Myrtil.. , . . . . . . . . . . . . . . . . . . . . . . .  16
Crainte filiale; soumission; obéissance. . . . . . . . .  19
L'enfant désobéissant. . . . . . . . . . . . . . . . . .  26
Docilité; travail; conduite à l'école. . . . . . . . . .  31
Valentin. . . . . . . . . . . . . . . . . . . . . . . .  36
Confiance due aux parents. . . . . . . . . . . . . . . .  44
Alexis. . . . . . . . . . . . . . . . . . . . . . . . .  49
Respect et honneur dus aux parents. . . . . . . . . . .  58
Le tailleur et le banquier. . . . . . . . . . . . . . .  61
Déférence, soins, prévenances. . . . . . . . . . . . . .  67
Jeanne Parelle. . . . . . . . . . . . . . . . . . . . .  70
Union fraternelle. . . . . . . . . . . . . . . . . . . .  76
La moisson de fleurs. . . . . . . . . . . . . . . . . .  79
Sacrifices et dévouement pour les parents. . . . . . . .  84
Jean Vigier. . . . . . . . . . . . . . . . . . . . . . .  89
Respect dû aux supérieurs, aux vieillards et aux bien-
   faiteurs. . . . . . . . . . . . . . . . . . . . . . .  97
La jeune apprentie. . . . . . . . . . . . . . . . . . . 101
Derniers conseils : la famille. . . . . . . . . . . . . 104


FIN DE LA TABLE.


PARIS. — IMPRIMÉ PAR E. THUNOT ET Cᵉ,
RUE RACINE, Nᵒ 26.

## AUTRES OUVRAGES DE M. BARRAU,

### PUBLIÉS PAR MM. L. HACHETTE ET Cie.

**De l'éducation dans les familles et au collége.** 1 vol. in-8°. Prix. 5 fr.

**Conseils aux ouvriers** sur les moyens qu'ils ont d'être heureux, avec l'explication des lois qui les concernent particuliérement. Ouvrage couronné par l'Académie française. 1 vol. in-12. 1 fr. 80 c.

**De l'amour filial** : Leçons et récits adressés à la jeunesse. 1 volume in-8°. Prix, broché. 2 fr. 50 c.

**Direction morale pour les instituteurs.** 4e édition, revue et augmentée. Ouvrage couronné par l'Académie française et autorisé par l'Université. 1 volume grand in-18. Prix, broché. 1 fr. 25 c.

**Livre de morale pratique,** ou choix de préceptes et de beaux exemples. Nouvelle édition autorisée par l'Université et approuvée par Mgr l'archevêque de Paris. 1 fort vol. in-12. Prix. 1 fr. 50 c.

**Simples notions sur l'agriculture, le jardinage et les plantations,** suivies de l'*Histoire de Félix* ou le *Jeune Cultivateur.* 3e édition. 1 vol. in-12. Prix, cartonné. 1 fr. 25 c.

**Méthode de composition et de style,** suivie d'un choix de modèles en prose et en vers. 3e édit., 1 vol. in-12. Prix, br. 2 fr. 75 c.

**Législation de l'instruction publique,** contenant les lois, décrets, ordonnances, réglements et arrétés actuellement en vigueur, recueillis et mis en ordre par M. Barrau. 1 vol in-8°. Prix, br. 7 f. 50 c.

**Nouvelle loi sur l'enseignement,** suivie des décrets, réglements et arrétés relatifs à l'exécution de cette loi, avec un commentaire, par M. Barrau. 12e tirage, refondu et augmenté. In-18. Prix. 60 c.

**Instructions sur la nouvelle loi d'enseignement,** *en ce qui concerne l'instruction primaire* ; à l'usage des instituteurs, des institutrices et des personnes chargées de la surveillance des écoles. 1 vol. grand in-18. Prix, broché. 1 fr. 25 c.

---

## EXTRAIT DU CATALOGUE DE LOUIS COLAS.

**Histoire de Charlotte Champain,** ou mère Séraphique. Récit dédié aux jeunes filles ; par M. LAURENT DE JUSSIEU, auteur de *Simon de Nantua.* Ouvrage approuvé par Monseigneur l'Archevêque de Paris. 1 vol. in-12. 1 fr. 25 c.

**Histoire de France,** à l'usage des établissements d'instruction primaire supérieure ; par F. RAGON, inspecteur général des études. Ouvrage autorisé par l'Université. 3e édit. augmentée d'un *Questionnaire raisonné.* 1 volume in-12, cartonné. 2 fr.

**Précis de l'histoire sainte,** à l'usage des établissements d'instruction primaire ; par F. RAGON, inspecteur général des études. Autorisé par l'Université. 3e édition. 1 volume in-18, cartonné. » 75 c.

**Précis élémentaire de l'histoire de France,** à l'usage des établissements d'instruction primaire ; par F. RAGON, inspecteur général des études. Ouvrage autorisé par l'Université. 12e édition. 1 volume in-18, cartonné. » 60 c.

**Simon de Nantua,** ou le Marchand forain, suivi des *OEuvres posthumes de Simon de Nantua,* par L.-P. DE JUSSIEU. 1 volume in-12. 1 fr. 25 c.

BIBLIOTHEQUE NATIONALE DE FRANCE
3 7531 06045188 8

cine, 26, pres de l'Odéon.

www.ingramcontent.com/pod-product-compliance
Lightning Source LLC
LaVergne TN
LVHW021735170726
843503LV00004B/1577